Short & Easy
Spanish Novels
For Beginners

Learn Spanish by Reading
Stories of Suspense and Horror

This book includes 2 stories:

Espectro (Spectrum)

La Casa (The house)

Joe Arenas

Table of contents

Welcome

With this bilingual book, learning Spanish is easy, straightforward and fun. Ideal for beginners and false beginners (A1-A2), you will learn Spanish before you know it through 2 page-turning stories with short chapters (10 sentences each), short sentences (max. 12 words), useful vocabulary, simple grammar and everyday life dialogues and situations. You will also find the English translation of each chapter just on the next page.

At the end of each story I have a challenge for you; a multiple-choice test to assess your progress. You will be amazed by how much you will have learnt!

Are you ready to learn Spanish while having a good time? ¡Vamos a leer! Let's read!

Espectro

Spectrum

Espectro is the first book in the Short & Easy Spanish Novels for Beginners Series. This is the story of a mysterious little girl who will change the life of a married couple forever...

Capítulo Uno

Tomás y Lucía están casados.

Tomás es un abogado de éxito.

Él es rico.

Tiene treinta y cinco años.

Tomás es mayor que Lucía.

Lucía tiene veintinueve años.

Ella no trabaja.

Ellos viven en una lujosa casa.

Tienen un perro que se llama Chispa.

Tomás pasea a Chispa por la mañana y por la noche.

Chapter One

Thomas and Lucy are married.

Thomas is a successful lawyer.

He's rich.

He's thirty-five years old.

Thomas is older than Lucy.

Lucy is twenty-nine.

She doesn't work.

They live in a luxurious house.

They have a dog named Sparkle.

Thomas walks Sparkle in the mornings and in the evenings.

Capítulo Dos

Tomás es un hombre apuesto.

Mide un metro y ochenta y cinco
centímetros.

Tiene el cabello castaño y los ojos verdes.

Es un hombre de complexión fuerte.

Entrena en el gimnasio casi cada día.

Y sigue una dieta muy equilibrada.

Pero últimamente él no se encuentra bien.

Se siente enfermo y no sabe por qué.

Es un hombre muy trabajador.

También es una persona muy sociable.

Chapter Two

Thomas is a handsome man.

He is one meter and eighty-five centimetres tall.

He has brown hair and green eyes.

He has a well-built body.

He works out at the gym almost every day.

He follows a balanced diet.

But he's not feeling well lately.

He feels sick and he doesn't know why.

He's a very hardworking man.

He's also a very sociable person.

Capítulo Tres

Lucía es una mujer alta y guapa.

Ella es rubia.

Sus ojos son azules y sus labios son perfectos.

Su cuerpo es esbelto.

Ella es una mujer muy elegante.

Pasa poco tiempo en casa.

Está todo el día fuera.

Y cuando vuelve a casa no habla con Tomás.

Ella pasa el tiempo con su teléfono móvil.

Después, se va a dormir.

Chapter Three

Lucy is a beautiful, tall woman.

She is blonde.

Her eyes are blue and her lips are perfect.

Her body is slender.

She's a very elegant woman.

She spends little time at home.

She's out all day.

And when she goes back home she doesn't speak with Thomas.

She spends her time with her cell phone.

Then, she goes to sleep.

Capítulo Cuatro

Hoy es viernes.

La alarma suena a las ocho de la mañana.

Tomás se despierta.

Lucía sigue durmiendo.

Tomás se levanta y va al cuarto de baño.

Usa el W.C. y tira de la cadena.

Se lava las manos y se cepilla los dientes.

Se ducha y se seca con una toalla.

Se peina y se viste.

Prepara el desayuno y se lo come.

Chapter Four

Today is Friday.

The alarm clock goes off at 8 a.m.

Thomas wakes up.

Lucy is still sleeping.

Thomas gets up and goes to the bathroom.

He uses the toilet and flushes it.

He washes his hands and brushes his teeth.

He takes a shower and dries himself off with a towel.

He brushes his hair and gets dressed.

He makes his breakfast and eats it.

Capítulo Cinco

Tomás sale de casa y entra en su coche.

Conduce hasta su despacho.

Estaciona su vehículo en el aparcamiento del edificio.

Agarra su maletín.

Sale del vehículo.

Cierra la puerta.

Va hacia la entrada del despacho.

Abre la puerta.

Y saluda a Clara.

Ella es su secretaria.

Chapter Five

Thomas leaves home and gets in his car.

He drives to his office.

He parks his car in the car park.

He picks up his briefcase.

He gets out of the vehicle.

He locks the door.

He goes to the entrance of the building.

He opens the door.

And he greets Clara.

She is his secretary.

Capítulo Seis

Son las nueve en punto.

Tomás es una persona muy puntual.

Pero Clara es aún más puntual que él.

Tomás cierra la puerta del despacho.

Se sienta en su escritorio.

Tomás revisa:

-Su correo electrónico.

-Su contestador automático.

-Su agenda.

Después, empieza con el papeleo.

Chapter Six

It's 9 o'clock.

Thomas is a very punctual person.

But Clara is even more punctual than him.

Thomas closes the office door.

He sits at his desk.

He checks:

-His email.

-His answering machine.

-His agenda.

Then he begins his paperwork.

Capítulo Siete

Tomás termina el papeleo.

Es la una y media del mediodía.

Es la hora del descanso.

Tomás y Clara van a un restaurante.

Él pide el menú del día.

Ella pide a la carta.

Tomás y Clara son muy amigos.

Ellos hablan un rato.

Son las dos y media.

Es hora de volver al despacho.

Chapter Seven

Thomas finishes the paperwork.

It's 1.30 p.m.

It's break time.

Thomas and Clara go to a restaurant.

He orders the set menu.

She orders à la carte.

Thomas and Clara are very good friends.

They chat for a while.

It's 2.30 p.m.

It's time to go back to the office.

Capítulo Ocho

Tomás y Clara trabajan hasta las seis de la tarde.

Es la hora de irse a casa.

Tomás y Clara se despiden.

-¡Buen fin de semana!

-¡Igualmente!

Clara se va andando.

Tomás se va en su coche.

De camino a casa, Tomás hace algunos recados.

Compra una botella de vino tinto y una barra de pan.

Tomás llega a casa.

Chapter Eight

Thomas and Clara work till 6 p.m.

It's time to go home.

They say goodbye to each other.

"Have a nice weekend!"

"Same to you!"

Clara walks away.

Thomas drives away.

On his way home, Thomas does some errands.

He buys a bottle of red wine and a loaf of bread.

Thomas gets home.

Capítulo Nueve

Son las nueve y veinte de la noche.

Lucía está viendo la televisión.

Ella ha preparado la cena.

Lucía ya ha cenado.

Ella le dice a Tomás:

-Tienes la cena en la cocina.

Así que Tomás cena solo.

Cuando termina retira la mesa.

También lava los platos.

Lucía ya se ha ido a la cama.

Chapter Nine

It's 9.20 p.m.

Lucy is watching TV.

She's made the dinner.

She's already had dinner.

She says to Thomas,

"Dinner's in the kitchen".

So Thomas eats his dinner alone.

When he's finished he clears the table.

He also does the dishes.

Lucy has already gone to sleep.

Capítulo Diez

Tomás está leyendo un libro.

A él le encanta leer.

Está leyendo una novela de suspense.

También le gustan las novelas policíacas.

No le gustan las novelas románticas.

Tampoco le gustan las novelas de fantasía.

Lee durante una hora.

Es tarde.

Tiene que sacar a pasear a Chispa.

Se pone su abrigo y llama al perro.

Chapter Ten

Thomas is reading a book.

He loves reading.

He's reading a thriller.

He also likes detective novels.

He doesn't like romance novels.

He doesn't like fantasy novels either.

He reads for one hour.

It's late.

He must take Sparkle out for a walk.

He puts on his coat and calls Sparkle.

Capítulo Once

Esta noche hay mucha niebla.

Chispa está nervioso y está ladrando en el jardín.

Tomás sale al jardín.

Mira hacia la calle.

Hay un parque delante de su casa.

En el parque hay una niña.

Ella está sola y es muy tarde.

Tomás va al parque con Chispa.

Ahora Chispa está contento.

Chispa mueve su cola alegremente.

Chapter Eleven

It's foggy tonight.

Sparkle is nervous and he's barking in the garden.

Thomas goes out to the garden.

He looks at the street.

There's a park in front of his house.

There's a little girl in the park.

She's alone and it's very late.

Thomas goes to the park with Sparkle.

Now Sparkle is happy.

Sparkle wags his tail happily.

Capítulo Doce

Tomás ve a la niña jugando en el columpio.

Él se acerca a ella.

La niña es rubia con ojos azules.

Ella viste un chándal con capucha.

Tiene un oso de peluche rosa en la mano.

-¡Buenas noches!-dice Tomás

-¡Hola!-responde la niña.

-¿Cuántos años tienes?-Pregunta Tomás.

-Tengo 4 años y medio-responde ella.

-Me llamo Tomás. ¿Tú cómo te llamas?

Chapter Twelve

Thomas sees the girl playing on the swing.

He gets close to her.

The girl is blonde and she has blue eyes.

She's wearing a hooded tracksuit.

She has a pink teddy bear in her left hand.

"Good evening!" Thomas says.

"Hello", the girl answers.

"How old are you?" asks Thomas.

"I'm four and a half", she answers.

"My name's Thomas. What's your name?"

Capítulo Trece

-Me llamo Martina.

-Encantado de conocerte, Martina.

-Igualmente, Tomás.

-¿Qué haces aquí?-pregunta Tomás.

-Estoy jugando-responde la niña.

-¿Dónde están tus padres?

-Mi papá está aquí cerca.

-¿Y tu mamá?

-Está en casa, durmiendo.

A Tomás le parece todo muy raro.

Chapter Thirteen

"My name's Martina".

"Nice to meet you Martina".

"Likewise, Thomas".

"What are you doing here?" Thomas asks.

"I'm playing", the girl answers.

"Where are your parents?"

"My dad's near here."

"And your mom?"

"She's sleeping at home".

Thomas finds it all very strange.

Capítulo Catorce

-Bueno Martina, debo marcharme.

-¡Qué pena!-dice Martina.

-Ten cuidado, ¿vale?-dice Tomás.

-Vale, tú también. Hasta pronto-dice
Martina.

Tomás se marcha preocupado.

Mira hacia atrás.

La niña ya no está allí.

Ella ha desparecido.

Tomás continúa paseando a Chispa.

A las once de la noche vuelve a casa.

Chapter Fourteen

"Well Martina, I must be going".

"What a shame!" Martina says.

"Be careful, ok?" Thomas says.

"Ok. You too. See you soon", Martina says.

Thomas leaves feeling worried.

He looks back.

The girl is not there anymore.

She has disappeared.

Thomas keeps on walking Sparkle.

At 11.00 p.m. he goes back home.

Capítulo Quince

Tomás se quita los zapatos.

También se quita los pantalones y la camisa.

Se pone el pijama.

Y se mete en la cama.

Está muy cansado.

Pero no puede dormirse.

Es medianoche.

Tomás sigue despierto.

Son la una y media de la madrugada.

Tomás por fin se duerme.

Chapter Fifteen

He takes off his shoes.

He also takes off his pants and his shirt.

He puts on his pyjamas.

And he gets into bed.

He's very tired.

But he can't sleep.

It's midnight.

Thomas is still awake.

It's 1.30 a.m.

Thomas is finally asleep.

Capítulo Dieciséis

Tomás no está durmiendo bien.

Está teniendo una pesadilla.

Sueña que está en un hospital.

Hay un bebé.

El bebé está llorando.

Tomás se acerca a la cuna.

No es un bebé, es Martina, la niña del parque.

Pero Martina tiene los ojos cerrados.

La niña no respira.

La niña está... ¡muerta!

Chapter Sixteen

Thomas isn't sleeping well.

He's having a nightmare:

He's dreaming he's in a hospital.

There's a baby.

The baby is crying.

Thomas gets close to the crib.

It's not a baby, it's Martina, the girl in the park.

But Martina has her eyes shut.

The girl is not breathing.

The girl is... dead!

Capítulo Diecisiete

Tomás se despierta sobresaltado.

Está muy asustado.

Mira su reloj-despertador.

No recuerda el día de la semana:

"¿Lunes, martes, miércoles, jueves, viernes?"

No. Hoy es sábado.

Tampoco sabe qué hora es.

"¡No es posible!"

Son las diez y cuarto de la noche.

Tomás ha estado durmiendo todo el día.

Chapter Seventeen

Thomas wakes up with a start.

He's very scared.

He looks at his alarm clock.

He doesn't remember the day of the week:

'Monday, Tuesday Wednesday, Thursday, Friday?'

No. Today is Saturday.

He doesn't know what time it is either.

'It's not possible!'

It's 10.15 p.m.

Thomas has been sleeping all day long.

Capítulo Dieciocho

Tomás mira al otro lado de la cama.

Lucía está durmiendo profundamente.

Tomás va al comedor.

Hay una nota en la mesa.

La nota dice "Hay una pizza vegetariana en el horno. Lucía".

Tomás necesita ir al baño.

Él se lava la cara en el lavamanos.

Cuando mira al espejo ve el reflejo de Martina.

Tomás está horrorizado.

Cuando se gira no hay nadie.

Chapter Eighteen

Thomas looks at the other side of the bed.

Lucy is sleeping soundly.

Thomas goes to the dining room.

There's a note on the table.

The note says 'There is a vegetarian pizza in the oven. Lucy.'

Thomas needs to go to the bathroom.

He washes his face in the sink.

When he looks in the mirror he sees the reflection of Martina.

Thomas is horrified.

When he turns around, there's no one.

Capítulo Diecinueve

Tomás se pone un chándal y unas zapatillas de deporte.

Lleva a Chispa a pasear al parque.

Tomás está muy angustiado.

Cree que se está volviendo loco.

Ve a Martina en la zona de juegos.

Martina está en el tobogán.

Tomás va hacia ella.

-¿Quién eres realmente?-pregunta Tomás.

Martina responde:

-Soy tu hija.

Chapter Nineteen

Thomas puts on a tracksuit and a pair of sneakers.

He takes Sparkle to the park for a walk.

Thomas is very distressed.

He thinks he's going crazy.

He sees Martina in the playground.

Martina is on the slide.

Thomas goes to her.

-"Who are you, really?" asks Thomas.

Martina answers,

-"I'm your daughter."

Capítulo Veinte

-¡No tengo ninguna hija!-exclama Tomás.

-Sí la tienes. Yo-responde Martina.

Pero Tomás insiste:

-Mi hija murió en el hospital al poco de nacer.

-Así es. Lucía me mató. No me quería.

Tomás está atónito.

Él no le ha dicho el nombre de su mujer.

Tomás sale corriendo sin mirar atrás.

Tomás escucha a Martina que dice:

-Ten cuidado papá. Tú eres el siguiente.

Chapter Twenty

"I have no daughter!" exclaims Thomas.

"Yes, you have. Me!" Martina answers.

But Thomas insists,

"My daughter died in the hospital shortly after birth."

"Yes, that's right, Lucy killed me. She didn't love me."

Thomas is stunned.

He hadn't told her his wife's name.

Thomas runs away without looking back.

Thomas hears Martina say,

-"Dad, be careful. You are the next one."

Capítulo Veintiuno

Tomás llega a casa.

Está muy asustado y cansado.

Se encuentra mal.

Le duele mucho el estómago.

Se siente mareado.

Tiene ganas de vomitar.

Además, tiene un terrible dolor de cabeza.

Le duele todo el cuerpo.

Tomás se toma un medicamento.

Decide que el lunes irá al médico.

Chapter Twenty-one

Thomas gets home.

He's very scared and tired.

He feels sick.

His stomach hurts a lot.

He feels dizzy.

He feels like vomiting.

He also has a terrible headache.

His body aches from his head to his toes.

Thomas takes some medicine.

He decides he'll go to the doctor's on
Monday.

Capítulo Veintidós

Tomás da de comer al perro.

Es hora de dormir.

Pero no quiere dormir con Lucía.

Decide dormir en la habitación de invitados.

Últimamente la utiliza muy a menudo.

Tomás se tumba en la cama.

No se cambia de ropa

Se tapa con un edredón.

Piensa en lo sucedido.

Pero está tan cansado que se queda dormido rápidamente.

Chapter Twenty-two

Thomas feeds the dog.

It's time to sleep.

But he doesn't want to sleep with Lucy.

He decides to sleep in the guest room.

He's using it very often, lately.

Thomas lies in bed.

He doesn't change clothes.

He covers himself with a comforter.

He thinks about what happened.

But he is so tired that he falls asleep quickly.

Capítulo Veintitrés

Es domingo por la mañana.

Tomás se despierta a las nueve menos cuarto.

Va al baño y después a la cocina.

En la nevera hay una nota de Lucía que dice:

"Estoy visitando a mi madre.

Estaré fuera todo el día".

Tomás decide llamar a Clara.

Clara está soltera.

Ella no tiene planes para hoy.

Quedan en una cafetería del centro de la ciudad.

Chapter Twenty-three

It's Sunday morning.

Thomas wakes up at 8.45 a.m.

He goes to the bathroom and then to the kitchen.

There is a note from Lucy on the fridge that says:

'I'm visiting my mother.

I'll be out all day.'

Thomas decides to call Clara.

Clara's single.

She has no plans for today.

They meet at a coffee shop downtown.

Capítulo Veinticuatro

Clara viste informal pero está realmente guapa:

Hoy lleva puestos:

-una blusa blanca de manga larga

-unos pantalones vaqueros azul claro

-un par de botas de color marrón oscuro.

Tomás tiene mal aspecto.

Él viste:

-una camiseta negra

-unos pantalones informales

-unas zapatillas de deporte blancas.

Chapter Twenty-four

Clara's dressing casual but she's looking
really pretty.
Today she's wearing:
-a white long-sleeved blouse
-some light blue jeans
-a pair of dark brown boots.
Thomas isn't looking good at all.
He's wearing:
-a black shirt
-some slacks
-some white sneakers.

Capítulo Veinticinco

Tomás explica todo a Clara.

Ella está sorprendida.

Conoce bien a Tomás.

Sabe que Tomás no está loco,

y dice que le va a ayudar.

Clara se acerca a Tomás.

Tomás está llorando.

Clara abraza a Tomás.

Están a punto de besarse,

pero Tomás retira sus labios en el último
momento.

Chapter Twenty-five

Thomas explains everything to Clara.

She's surprised.

She knows Thomas very well.

She knows that Thomas is not crazy.

aShe tells him that she's going to help him.

Clara gets close to Thomas.

Thomas is crying.

Clara hugs Thomas.

They're at the point of kissing each other.

But Thomas moves his lips away at the last moment.

Capítulo Veintiséis

-Lo siento, no puedo- dice Tomás.

-Tranquilo. Lo entiendo-responde Clara.

Tomás y Clara se despiden.

De camino a casa Tomás pasa por un parque.

En el parque ve a su mujer, Lucía.

Está con otro hombre.

Un hombre joven, alto y guapo.

Se están besando en un banco.

Tomás no se sorprende.

Tampoco se enfada. Ya no la ama.

Chapter Twenty-six

"I'm sorry, I can't", Thomas says.

"Don't worry. I understand", Clara replies.

Thomas and Clara say good bye.

On his way home Thomas passes by a park.

He sees his wife, Lucy, in the park.

She's with another man.

A good-looking, tall, young man.

They're kissing on a bench.

Thomas is not surprised.

He doesn't even get angry. He doesn't love her anymore.

Capítulo Veintisiete

Una vez en casa Tomás enciende el televisor.

Empieza a ver una película.

Las películas de acción son sus favoritas.

Al poco rato, llega Lucía.

Tomás le pregunta:

-¿Cómo está tu madre?

Lucía responde:

-Muy bien, gracias.

Tomás no quiere decirle lo que sabe.

En breve pedirá el divorcio.

Chapter Twenty-seven

Once home, Thomas turns on the TV.

He begins to watch a movie.

Action movies are his favorite ones.

After a while Lucy arrives.

Thomas asks,

"How's your mother?"

ucy answers, -"Very well, thank you."

Thomas doesn't want to tell her what he knows.

He will ask for a divorce soon.

Capítulo Veintiocho

Es lunes por la mañana y Tomás se despierta.

Debe ir a trabajar.

Pero primero va al médico.

Sigue encontrándose mal.

El médico le hace unas preguntas.

A continuación, le hace un chequeo.

Finalmente, le hace un análisis de sangre.

Tomás pregunta al doctor su diagnóstico.

El doctor le contesta:

-Mañana tendremos los resultados, pero creo que estás siendo envenenado.

Chapter Twenty-eight

It's Monday morning and Thomas wakes up.

He must go to work.

But he goes to the doctor's first.

He keeps feeling sick.

The doctor asks him some questions.

Next, he checks him up.

Finally, he makes him take a blood test.

Thomas asks the doctor for his diagnosis.

The doctor answers,

"Tomorrow we'll have the results, but I think

that you're being poisoned."

Capítulo Veintinueve

Tomás va a trabajar.

Cuando acaba la jornada de trabajo vuelve a casa.

Lucía prepara la cena.

Pero él no tiene hambre.

Ella insiste y Tomás acepta.

De repente, hay un apagón.

Todo está oscuro.

Tomás enciende una linterna.

Encuentra la caja de los interruptores automáticos.

Todos los interruptores han saltado.

Chapter Twenty-nine

Thomas goes to work.

When finishes his working day he goes back home.

Lucy makes diner.

But he's not hungry.

She insists and he accepts.

Suddenly, there's a power cut.

Everything's dark.

Thomas turns on a flashlight.

He finds the circuit-breaker box.

All the breakers have tripped.

Capítulo Treinta

De repente, Tomás escucha una voz.

Se da la vuelta. Martina está allí.

-Papá, no pruebes la comida de Lucía-dice
Martina.

-¿Por qué no?-pregunta Tomás.

-Ella es mala. Te está envenenando-responde
Martina.

-Ahora todo encaja-dice Tomás.

-Estoy aquí para protegerte-dice Martina.

-Gracias cariño-dice Tomás- ojalá estuvieses
viva.

Tomás intenta abrazar a Martina.

Pero no puede porque su hija es un espectro.

Chapter Thirty

Suddenly, Thomas hears a voice.

He turns around. Martina's there.

"Dad, don't taste Lucy's meal", Martina says.

"Why not?" asks Thomas.

"She's bad. She's poisoning you", Martina answers .

"Now everything makes sense", Thomas says.

"I'm here to protect you", Martina says.

"Thank you, sweetie", Thomas says, "I wish you were alive."

Thomas tries to hug Martina.

But he can't because his daughter is a ghost.

Capítulo Treinta y uno

Tomás reinicia los interruptores y la electricidad vuelve.

Tomás vuelve al comedor y Lucía le dice:

-¿Seguimos comiendo?

Tomás no contesta. Solo pregunta:

-¿Por qué?

-¿Por qué qué?-pregunta Lucía.

Entonces Tomás pregunta:

-¿Por qué me estás envenenando y por qué me eres infiel?

Y sigue hablando:

-Quiero que te marches mañana y quiero el divorcio.

Chapter Thirty-one

Thomas resets the breakers and the power
comes back on.
Thomas goes back to the dining room.
"Shall we eat?"
Thomas doesn't answer. He only asks,
"Why?"
"Why what?", Lucy asks.
Then Thomas asks,
"Why are you poisoning me and why are you
cheating on me?"
And he keeps on talking,
"I want you to leave tomorrow and I want a
divorce."

Capítulo Treinta y dos

Tomás duerme profundamente en la habitación de invitados.

Lucía aparece en la oscuridad.

Se acerca a la cama.

Intenta asfixiar a Tomás con una almohada mientras dice:

-¡Muere Tomás! No te quiero. Solo quiero tu dinero.

Y continúa diciendo:

-Ya maté a nuestra hija. Quiero tu fortuna solo para mí.

Tomás no se despierta.

Se está quedando sin oxígeno.

Está a punto de morir.

Chapter Thirty-two

Thomas is fast asleep in the guest room.

Lucy shows up in the dark.

She gets close to the bed.

She tries to suffocate Thomas with a pillow while saying,

"Die, Thomas! I don't love you. I only want your money."

And she keeps on saying,

"I already killed our daughter. I want your fortune just for me".

Thomas doesn't wake up.

He's running out of oxygen.

He's at the point of death.

Capítulo Treinta y tres

De repente, Martina aparece en la oscuridad.

-¡Deja en paz a mi padre!-grita Martina-

Eres mala; me mataste y ahora quieres matar a papá.

Lucía se gira.

No puede creer lo que ve.

-¿Quién eres?-pregunta Lucía.

-Ya te lo he dicho, mamá-responde Martina.

-Pero yo te maté-dice Lucía nerviosa.

-Así es-responde Martina-pero he vuelto.

Lucía sale corriendo de la habitación.

Chapter Thirty-three

Suddenly, Martina appears out of the dark.

"Leave my father alone!" Martina shouts, "You're bad. You killed me and now you want to kill my dad".

Lucy turns around.

She can't believe her eyes.

"Who are you?" Lucy asks.

"I've already told you, mom" Martina answers.

"But I killed you", Lucy says nervously.

"Yes, you did", Martina replies, "but I'm back.

Lucy runs out of the bedroom.

Capítulo Treinta y cuatro

Lucía va a la habitación de matrimonio.

Allí tiene su teléfono móvil cargando.

Se ha vuelto histérica.

Intenta llamar a la policía.

El teléfono no da señal.

Martina la está siguiendo.

Intenta salir por la puerta principal pero no se puede abrir.

Corre hacia la cocina.

Agarra un cuchillo de uno de los cajones.

Lucía se corta las venas.

Chapter Thirty-four

Lucy goes to the double bedroom.

She has her cell phone charging in there.

She's hysterical.

She tries to call the police.

The phone has no signal.

Martina is following her.

She tries to get out the house through the front door but it can't be opened.

She runs to the kitchen.

She grabs a knife from one of the drawers.

She cuts her veins.

Capítulo Treinta y cinco

Los sanitarios aparecen en casa de Tomás.

Atienden a Lucía.

Se está desangrando.

La llevan al hospital.

También atienden a Tomás.

Tomás está inconsciente.

A él también lo llevan al hospital.

Tomás y Lucía están en habitaciones diferentes.

El hospital está en silencio.

Todos los pacientes duermen.

Chapter Thirty-five

The paramedics arrive at Thomas' house.

They take care of Lucy.

She's bleeding to death.

They take her to the hospital.

They take care of Thomas, too.

Thomas is unconscious.

He's taken to the hospital, too.

Thomas and Lucy are in different rooms.

The hospital is silent.

All the patients are asleep.

Capítulo Treinta y seis

Ya es de día y Lucía se despierta.

Unos policías visitan a Lucía.

Ella cuenta porqué se intentó suicidar.

Los policías piensan que es una mentirosa.

Lucia es culpable de intento de asesinato.

Se queda sola de nuevo.

De repente, ve a Martina a su lado.

Sale corriendo de su habitación.

Corre por el pasillo y salta por una ventana.

Lucía muere en el acto.

Chapter Thirty-six

It's daytime and Lucy wakes up.

Some police officers pay Lucy a visit.

She tells them why she tried to commit
suicide.

The police officers think that she's a liar.

Lucy is guilty of attempted murder.

She remains alone again.

Suddenly, she sees Martina by her side.

She runs out of her room.

She runs through the corridor and jumps
from a window.

Lucy dies on the spot.

Capítulo Treinta y siete

Tomás también se despierta.

Clara está junto a su cama.

Tomás se alegra de verla.

Le pregunta cómo sabe que está en el hospital.

Clara dice que la llamó una niña.

Los dos saben que Martina hizo la llamada.

También fue la que llamó a la ambulancia.

Tomás tiene sed y hambre.

Clara sale de la habitación.

Va a comprar algo a la máquina de vending.

Chapter Thirty-seven

Thomas wakes up, too.

Clara is by his bed.

Thomas is glad to see her.

He asks Clara how she knows he's in
hospital.

Clara says that a little girl phoned her.

They both know that Martina made that
phone call.

They also know that she was the one who
called for the ambulance.

Thomas is thirsty and hungry.

Clara leaves the room.

She goes to get something at the vending
machine.

Capítulo Treinta y ocho

Tomás está solo en la habitación.

Martina aparece a su lado y le dice:

-Ahora está todo bien papá.

-Gracias, cariño-responde Tomás.

-Debo irme papi. Yo ya he terminado aquí-dice Martina.

-¿No puedes quedarte, amor?-pregunta Tomás.

-Ya he terminado mi misión-responde Martina.

La niña también le dice:

-Clara es buena y te quiere. Sé feliz con ella.

-Adiós papi. Hasta pronto.

Chapter thirty-eight

Thomas is alone in the room.

Martina appears next to him and says,

"Everything's alright now daddy."

"Thank you, sweetie", Thomas answers.

"I must leave daddy. I've finished here",
Martina says.

"Can't you stay, darling?" Thomas asks.

"I've finished my mission", Martina answers.

The girl also says to him,

"Clara is good and she loves you. Be happy
with her"

"Bye, bye daddy. See you soon".

Capítulo Treinta y nueve

Clara vuelve a la habitación con un bocadillo.

También trae un refresco y un café.

Tomás llora de emoción.

Clara le pregunta:

-¿Qué te pasa?

Y Tomás le dice:

- Acércate Clara.

Cuando Clara se acerca, Tomás la besa y le dice:

-Te quiero.

-Yo también te quiero-responde ella.

Chapter Thirty-nine

Clara goes back to the room with a sandwich.

She also brings a soft drink and a coffee.

Thomas weeps with emotion.

Clara asks,

"What's the matter?"

And Thomas answers,

"Come close to me Clara".

When Clara gets closer to him, Thomas
kisses her and says,

"I love you".

"I love you too", she answers.

Capítulo Cuarenta

Unos meses más tarde Tomás y Clara se casan.

Juntos son muy felices.

Se mudan a una casa nueva.

Clara está embarazada.

El bebé nace.

Es una niña.

Tomás la coge en brazos.

El bebé mira a Tomás y le guiña un ojo.

Tomás sabe que su hija ha vuelto.

Bienvenida de nuevo, Martina.

¿FIN?

¡No para ti! Vamos a comprobar cuánto has aprendido. ¡Te sorprenderás! Pasa la página.

Chapter Forty

A few months later Thomas and Clara get married.

They're very happy together.

They move to a new house.

A baby is born.

She's a girl.

Thomas picks her up.

The baby looks at Thomas and winks.

Thomas knows that his daughter has come back.

Welcome back, Martina.

THE END?

Not for you! Now let's check how much you have learnt. You will be amazed! Turn the page.

Test Yourself

¡Comprueba cuánto has aprendido hasta ahora! Elige la respuesta correcta:

Check how much you've learnt so far! Choose the right answer:

1. Lucía y Tomás...
a) Son amigos

b) Son novios

c) Están casados

2. Clara es ...
a) La amiga de Lucía

b) La secretaria de Tomás

c) El perro de Lucía

3. Tomás...

a) No trabaja

b) Es tenista

c) Es abogado

4. Tomás conoce en el parque a...

a) Martina

b) Clara

c) Lucía

5. Martina es...

a) Una joven de 35 años

b) Un perro

c) Una misterios niña

6. Tomás ve a Lucía...

a) En un bar con una amiga

b) En un parque con otro hombre

c) En el hospital

7. Resulta que (it turns out that) **Martina es...**

a) La amiga de clara

b) La hija secreta de Tomás

c) La hija muerta de Lucía y Tomás

8. ¿Cómo murió Martina?

a) Lucía la mató al nacer

b) En un accidente de coche

c) En un accidente de avión

9. Lucía quiere matar a Tomás porque...

a) Tomás es malo

b) Tomás está con otra mujer

c) Ella quiere todo su dinero

10. Al final de la historia...

a) Lucía se suicida, Clara y Tomás se casan y Martina vuelve a nacer.

b) Lucía y Tomás se divorcian

c) Todo ha sido una pesadilla

Ahora, comprueba tus respuestas en la página siguiente

Now check your answers on the next page

Answer Key (Soluciones)

1. c

2. b

3. c

4. a

5. c

6. b

7. c

8. a

9. c

10. a

La Casa
The house

La Casa is the second book in the Short & Easy Spanish Novels for Beginners Series. This is the story of a family who buy the house of their dreams. But the house has a hidden secret...

Capítulo 1

Miguel y Ana están casados.

Tienen un hijo de tres años y un perro.

Viven en un pequeño apartamento.

Están buscando una nueva casa donde vivir.

Tras mucho buscar, encuentran lo que parece ser un chollo;

una fantástica casa a un precio inigualable.

Sin dudarlo, deciden ir a verla.

Conciertan una cita con un agente inmobiliario.

Ese mismo día van a verla.

Miguel y Ana esperan al agente inmobiliario en la puerta principal.

Chapter 1

Mike and Anne are married.

They have a three-year-old son and a dog.

They live in a small apartment.

They are looking for a new home to live in.

After much searching, they find what seems to be a bargain.

A fantastic house at an unbeatable price.

Without hesitation, they decide to go see it.

They make an appointment with a real estate agent.

They go to see it the very same day.

Mike and Anne are waiting for the estate agent at the main door.

Capítulo 2

-Es la casa de mis sueños -dice Miguel anonadado.

-¡Es una maravilla! -añade Ana.

El agente inmobiliario llega y se añade a la conversación:

-Es una ganga. Aquí pueden vivir muy bien.

El matrimonio mira a su alrededor.

Miguel comenta:

-Parece un vecindario muy tranquilo. Me gusta.

Pero hay algo que preocupa a Ana ...

-He oído decir que pasan cosas extrañas en esta casa.

-Habladurías -responde el agente inmobiliario.

Chapter 2

"It is the house of my dreams", Mike says dumbfounded.

"It is a wonder!", Anne adds.

The real estate agent arrives and joins in the conversation,

"It's a bargain. You can live very well, here".

The married couple looks around.

Mike remarks,

"It seems like a very quiet neighbourhood. I like it".

But there is something Anne is worried about …

"I've heard that strange things happen in this house".

"Gossip", the real estate agent answers.

Capítulo 3

Los tres entran en la casa para verla por dentro.

Se trata de una casa de un planta.

Tiene cuatro habitaciones con baño propio y armarios empotrados.

También tiene un gran comedor, una sala de estar y una gran cocina.

Toda la casa está amueblada.

Además, tiene un garaje para dos coches y un práctico sótano.

A la pareja les encanta la casa.

-Mañana mismo le damos la paga y señal -dice Miguel.

Pero Ana se fija en un detalle...

-¿Cómo es que una casa tan nueva tiene telarañas?

Chapter 3

The trio enter the house to see the inside of it.

It is a one storey house.

It has four en-suite bedrooms and fitted wardrobes.

It has a large dining room, a living room and a great kitchen.

The whole house is furnished.

It also has a garage for two cars and a convenient basement.

The couple love the house.

"Tomorrow, we'll make a down payment, without fail", Mike says.

But Anne notices something...

How come such a new house has cobwebs?

Capítulo 4

El agente inmobiliario agarra un trapo y la retira.

-Esto no es nada. Es porque la casa esta vacía.

-Sí, cariño. En las casas habitadas no entran tantos insectos -añade Miguel.

Ana parece satisfecha con esa respuesta.

El matrimonio se despide del agente inmobiliario.

Se marchan en coche.

Ya en su apartamento Ana y Miguel charlan sobre la casa:

-Estoy tan ilusionado -comenta Miguel.

-Yo también, amor. Pero no sé ... hay algo en la casa que me da mal rollo.

-Eso son los nervios, cariño. Vamos a dormir -responde un Miguel.

Chapter 4

The real estate agent grabs a rag and removes it.

"This is nothing. It happens because the house empty".

"Yes,darling. In inhabited houses bugs don't enter", Mike adds.

Anne seems satisfied with that answer.

The married couple say good-bye to the real estate agent.

They drive away.

Back in their apartment Anne and Mike chat about the house,

"I'm so excited", Mike remarks.

"Me too, darling. But, I don't know ... there's something in the house that gives me bad vibes..."

"That's because of the excitement, honey. Let's get some sleep", Mike answers.

Capítulo 5

La familia se instala en su nuevo hogar.

La habitación más grande es para la pareja.

Ana utilizará una de las habitaciones como despacho.

Otra habitación será el cuarto de Martín.

Aun queda una habitación libre para invitados.

La pareja está muy ilusionada.

Martín empieza a llorar sin motivo.

Espartaco, el perro, también está ladrando.

Sus padres corren a la habitación.

Martín les dice que no le gusta la casa.

Chapter 5

The family settle into their new home.

The largest bedroom is for the couple.

Anne will use one of the rooms as her office.

Another room will be Martin's bedroom.

There is still a spare room for guests.

The couple are very excited.

Martin begins to moan without a reason.

Spartacus, the dog, is barking, too.

His parents run to the room.

Martin tells them that he doesn't like the house.

Capítulo 6

Sus padres le preguntan el porqué.

-¿Por qué no te gusta la casa, hijo?

-Porque hay bichos malos -responde Martín asustado.

Miguel y Ana revisan el cuarto de Martín.

-No te preocupes Martín, todo está bien -dice Miguel.

-Mamá ha limpiado toda la casa -añade Ana.

-¡Venga! Vamos a jugar al jardín -propone Miguel.

Todos salen afuera y pasan una agradable tarde.

Por la noche, Ana prepara la cena.

Después de cenar, ponen a dormir a Martín.

Chapter 6

His parents asked him why.

"Why you don't like the house, son?"

"Because there are bad bugs", Martin answers, scared.

Mike and Anne check Martin's room.

"Don't worry, Martin, everything's alright, Mike says.

"Mommy cleaned the whole house", Anne adds.

"Come on! Let's play in the garden", Mike suggests.

They all go out and spend a nice afternoon.

In the evening Anne cooks dinner.

After dinner, they put the children to bed.

Capítulo 7

Ana recoge la mesa y lleva los platos sucios a la cocina.

Mientras, Miguel saca la basura y pasea a Espartaco.

Más tarde, la pareja ve un rato la televisión.

Se hace tarde, así que deciden ir a dormir.

Es medianoche y todo está en silencio.

De repente, Espartaco empieza a ladrar.

Normalmente no ladra tanto.

Miguel decide ir a ver lo que sucede.

Al ver que no pasa nada, Miguel toma una decisión:

Mete a Espartaco en el garaje para que no moleste.

Chapter 7

Anne clears the table and takes the dirty dishes to the kitchen.

In the meantime, Mike takes out the garbage and walks Spartacus.

Later, the couple watch television for a while.

It's getting late, so the couple decide to go to sleep.

It's midnight and all is quiet.

Suddenly, Spartacus starts barking.

He usually doesn't bark that much.

Mike decides to go see what is happening.

On finding that nothing is happening, Mike makes a decision,

He keeps Spartacus in the garage so that he doesn't bother anyone.

Capítulo 8

Miguel vuelve a su habitación.

Ana ya duerme.

Ha sido un día largo y ambos están agotados.

Miguel también se queda dormido rápidamente.

Mientras tanto, en la habitación de Martín ... una araña sale del armario.

Se acerca a Martín.

La araña sube a la cama y va hasta la cabeza del niño.

Empieza a caminar haciendo círculos por su cara.

Chapter 8

Mike returns to his room.

Anne is already sleeping.

It's been a long day and both are exhausted.

Mike also falls asleep quickly.

Meanwhile, in Martin's room...

A spider comes out of the closet.

He approaches Martin.

The spider climbs onto the bed and goes up to the child's head.

It starts walking in circles on his face.

Capítulo 9

A la mañana siguiente, Ana se despierta temprano.

-¿Dónde está Espartaco? -pregunta a su marido.

Miguel, aún medio dormido, le explica lo sucedido.

Al ver la cara de enfadada de Ana le dice:

-Lo hice para que no nos molestase ni a nosotros ni a los vecinos.

Y añade:

-Estaba muy nervioso. Ya puedes sacarlo si quieres.

Ana lo comprende y decide ir a buscar a Espartaco al garaje.

Ana encuentra la puerta del garaje entreabierta.

Espartaco no está allí.

Chapter 9

The next morning, Anne wakes up early.

"Where's Spartacus?", she asks her husband.

Mike, still half asleep, tells her what happened.

On seeing Anne's angry face, he says,

"I did it so he didn't bother us, or our neighbours."

And he adds,

"He was very nervous. Now you can take him out if you want".

Anne understands and decides to go and search for Spartacus in the garage.

Anne finds the garage door ajar.

Spartacus is not there.

Capíutlo 10

Ana está preocupada y vuelve a la habitación para decírselo a su marido.

-Espartaco no está allí. ¿Estás seguro de que cerraste bien la puerta del garaje?

-Yo diría que sí -dice Miguel extrañado.

-Pero tampoco estoy muy seguro. Anoche tenía mucho sueño -añade.

-¡Pobre Espartaco! ¿Adónde estará? – pregunta Ana preocupada.

-No te preocupes, seguro que no está lejos - contesta Miguel.

-¡Hay que salir a buscarlo! -dice Ana.

-Sí, ya voy yo. Tu despierta a Martín y prepárale el desayuno.

Miguel sale a buscar a Espartaco.

Busca por todo el vecindario.

Chapter 10

Anne is worried and goes back to the room to tell her husband.

"Spartacus is not there. Are you sure you locked the garage door tight?"

"I would say so", Mike says confusedly.

"But I'm not really sure. I was very sleepy", he adds.

"Poor Spartacus! Where can he be?", Anne asks anxiously.

"Do not worry, I'm sure he's not far", Mike says.

"We must look for him!", Anne says.

"Yeah, I'll go. And you wake Martin up and prepare some breakfast for him".

Mike goes out to look for Spartacus.

He looks around the whole neighbourhood.

Capítulo 11

Miguel no encuentra a Espartaco.

Cuando vuelve a casa ve a Ana y a Martín en la puerta.

Ana está llorando.

-¿Qué ha pasado? -pregunta Miguel.

-¡Vamos al hospital, ahora! -grita Ana desesperadamente.

Miguel mira a su hijo y se horroriza.

Martín tiene la cara deformada.

Es como si un millón de insectos le hubiesen picado.

Miguel saca rápidamente el coche del garaje.

Los tres van a toda velocidad al hospital.

Chapter 11

Mike doesn't find Spartacus.

When he returns home, he sees Anne and Martin at the door.

Anne is crying.

"What happened?", Mike asks.

"Let's go to hospital, now!", Anne shouts desperately.

Mike looks at his son and is horrified.

Martin's face is contorted.

It is as if a million insects had bitten him.

Mike quickly takes the car out of the garage.

The trio go at full speed to the hospital.

Capítulo 12

Martín es atendido en el hospital.

El médico les dice que puede tratarse de una reacción alérgica.

Les informa que no es una intoxicación alimentaria.

Dice que su hijo ha sido mordido por un insecto desconocido.

Probablemente ha sido una araña.

El doctor da a Martín un antihistamínico.

El niño empieza a recuperarse.

Cuando la familia vuelve a casa ya es de noche.

Cuando abren la puerta, ven que la casa está patas arriba.

No entran y Miguel llama inmediatamente a la policía.

Chapter 12

Martin is treated at the hospital.

The doctor tells them that this may be an allergic reaction.

He informs them that it isn't a case of food poisoning.

He says that their child has been bitten by an unknown insect.

It was probably a spider.

The doctor gives Martin an antihistamine.

The child begins to recover.

When the family return home it's already night.

When they open the door, they see that the house is in a mess.

They don't go in and Mike calls the police immediately.

Capítulo 13

Un patrulla de policía va al domicilio.

La familia no se ha atrevido a entrar.

Los dos agentes se presentan.

Entran en la casa con el arma en la mano.

Inspeccionan la casa habitación por habitación.

Cuando llegan a la habitación vacía uno de los policías grita:

-¡Joderrrrr!

Los agentes encuentran a Espartaco... está muerto.

Además, el cuerpo sin vida del animal está infestado de arañas.

Uno de los agentes no puede evitar vomitar.

Chapter 13

A police patrol goes to the house.

The family didn't dare to go in.

The two officers introduce themselves.

They enter the house with their guns in their hands.

They inspect the house room by room.

When they reach the empty room one policeman shouts,

"Fuckin'ell!"

The police officers find Spartacus... he is dead.

The dead body of the pet is infested with spiders.

One of the officers can't help vomiting.

Capítulo 14

En una de las paredes de la habitación hay escrito con sangre:

"MARCHAOS DE AQUÍ"

El resto de la casa está limpia; no hay nadie.

Los agentes hablan con Ana y Miguel.

-Señores, esto se trata, sin duda, de una gamberrada.

Martín les responde;

-¡No es verdad! Esta casa esta encantada.

Los dos policías empiezan a reírse a carcajadas.

-Tranquilo niño, los fantasmas no existen.

Chapter 14

On one of the walls of the room there's written in blood,

"Go away from here"

The rest of the house is clear, there's no one.

The officers speak with Anne and Mike.

"Ma'am and Sir, it's without a doubt a prank".

"That's not true! This house is haunted!", Martin responds.

Both officers burst out laughing.

"Calm down little child, ghosts do not exist."

Capítulo 15

Miguel pide explicaciones a los policías.

-¿Les han robado algo? -pregunta uno de los polis.

-No -responde Miguel confuso.

-Pues si no han robado nada, se trata de un allanamiento de morada-afirma el agente.

-Mañana, vengan a comisaría a denunciar los hechos.

-De todas formas, esta noche estaremos por aquí vigilando la zona -dice el otro agente.

Los agentes de despiden de ellos.

Ana, Miguel y Martín entran en casa.

-No quiero estar aquí -dice Ana llorando.

-Ya has escuchado a los policías, ha sido una gamberrada -contesta Miguel.

Chapter 15

Mike asks the police officers for explanations.

"Did they steal anything?, asks one of the cops.

"No", Mike answers in confusion.

"Well, if they didn't take anything, it's just a housebreak in", claims the police officer.

"Come to the police station to report the facts, tomorrow".

"Anyways, tonight we'll be here looking around", the other police officer says.

The two police officers say good-bye to them.

Anne, Mike and Martin enter their home.

"I don't want to be here", Anne cries.

"You've already heard the police, it's been a prank", Mike responds.

Capítulo 16

Miguel saca a Espartaco de la habitación y lo mete en una bolsa.

Cava un agujero en el jardín y lo entierra.

Vuelve a al interior de la casa.

Esta noche Ana, Miguel y Martín duermen en la misma habitación.

Es media noche y todo está tranquilo.

De repente, empieza una tormenta.

Los rayos iluminan las habitaciones.

Las ventanas se abren y cierran por el viento.

Miguel se despierta por el ruido.

Al abrir los ojos ve el cuerpo muerto de Espartaco colgado de una cuerda.

Chapter 16

Mike takes Spartacus out of the room and puts him in a bag.

He digs a hole in the garden and buries him.

He goes back inside the house.

Tonight Anne, Mike and Martin sleep in the same room.

It's midnight and all is quiet.

Suddenly, a storm begins.

LLightning illuminate the room.

The windows open and close because of the wind.

Mike wakes up due to the noise.

When he opens his eyes he sees Sparctacus' dead body hanging from a rope.

Capítulo 17

Miguel grita asustado.

Ana y Martín se despiertan.

Ellos también gritan y lloran.

De repente, miles de arañas salen del armario empotrado.

Ana agarra a Martín y sale corriendo de la habitación.

Miguel intenta luchar contra las arañas.

Pero no puede hacer nada.

Las arañas cubren el cuerpo de Miguel.

En poco tiempo, Miguel muere.

Ana sale corriendo con Martín.

Chapter 17

Mike screams.

Anne and Martin wake up.

They also scream and cry.

Suddenly, thousands of spiders come out of the built-in closet.

Anne grabs Martin and gets out of the room.

Mike tries to fight the spiders.

But there is nothing he can do.

The spiders cover Mike's body.

Soon, Mike dies.

Anne runs away with Martin.

Capítulo 18

Los policías escuchan los ruidos en la casa.

La puerta esta cerrada.

Echan la puerta abajo de una patada.

Entran en la casa e intentan encender la luz.

Se ha ido la electricidad y no hay luz.

Sus linternas tampoco funcionan.

Buscan a la familia por toda la casa.

De repente, miles de arañas van tras ellos.

Los policías corren aterrorizados.

Demasiado tarde... se escuchan gritos de dolor y desesperación.

Chapter 18

The two police officers hear noises in the house.

The door is closed.

They break the door down.

They enter the house and try to turn on the light.

There's been a power cut and there's no light.

Their torches are not working either.

They look for the family all around the house.

Suddenly, thousands of spiders go after them.

The cops run, terrified.

Too late ... one can hear their cries of pain and desperation.

Capítulo 19

Los policías son devorados vivos por las arañas.

Ana y Martín intentan escapar por la puerta de la cocina.

Ana no puede abrir la puerta.

Deja a Martín en la mesa de la cocina.

Coge una silla y rompe una ventana.

Vuelve a recoger a Martín.

Pero ahora la mesa está llena de arañas.

Las arañas se comen vivo a Martín.

Ana huye y llora desesperada.

Su hijo y su marido han muerto.

Chapter 19

The two cops are eaten alive by the spiders.

Anne and Martin try to escape through the kitchen door.

Anne cannot open the door.

She leaves Martin on the kitchen table.

She picks up a chair and smashes a window pane.

She picks Martin up again.

But now the table is full of spiders.

They eat Martin alive.

Anne flees in desperation and cries.

Her son and her husband have died.

Capítulo 20

La mujer corre por el jardín.

Las arañas la persiguen y la alcanzan.

No hay escapatoria.

Ana siente un gran dolor por todo el cuerpo.

Las arañas la están devorando.

"PIPIPIPI- PIPIPIPI - PIPIPIPI"

Es el sonido del despertador.

Ana despierta en su cama, en su apartamento.

A su lado está Miguel, dormido como un tronco.

Martín duerme también profundamente es su cama.

Chapter 20

The woman runs through the garden.

The spiders chase and reach her.

There's no way out.

Anne feels great pain throughout her body.

The spiders are devouring her.

"BEEP-BEEP-BEEP, BEEP-BEEP-BEEP"

It is the sound of the alarm clock.

Anne wakes up in her bed, in her apartment.

Mike is by her side. He's sleeping like a log.

Martin is also sleeping soundly in his bed.

Capítulo 21

Todo ha sido una pesadilla.

Ana busca en internet información sobre la casa.

Descubre que está construida sobre un antiguo cementerio.

Cuando Miguel despierta, Ana le cuenta todo.

Le explica la pesadilla y lo que ha descubierto.

Hoy tienen que ir a ver la casa con el agente inmobiliario.

Lo llaman por teléfono y le dicen que no van a comprar la casa.

Le dicen que les ha ocultado información.

El agente inmobiliario les responde:

-No hay problema. Tengo otra pareja interesada en la casa...

¿FIN?

¡Ni hablar! Ahora vamos a ver cuánto has
aprendido...

Chapter 21

Everything has been a nightmare.

Anne searches on the Internet for information about the house.

She discovers it is built on top of an ancient cemetery.

When Mike wakes up, Anne tells him everything.

She explains her nightmare to him and what she has found out.

Today they have to go to see the house with the estate agent.

They call and tell him they won't buy the house.

They tell him that he has been hiding information.

The real estate agent answers,

"No problem. I have another couple interested in the house ..."

THE END?

No way! Now let's check how much you've learnt...

Test yourself

¡Comprueba cuánto has aprendido hasta ahora! Elige la respuesta correcta:

Check how much you've learnt so far! Choose the right answer:

1. Ana y Miguel...

a) Son amigos

b) Son novios

c) Están casados

2. Ana y Miguel tienen ...

a) Una hija

b) Un hijo y un perro

c) Una hija y un gato

3. Ana y Miguel han comprado...

a) Una casa nueva

b) Un apartamento

c) Un coche

4. La casa tiene...

a) Dos habitaciones, un cuarto de baño y un comedor muy pequeño

b) Cuatro habitaciones con baño, un gran comedor, una sala de estar, una gran cocina y garaje

c) Tres habitaciones, dos baños y una gran garaje.

5. ¿Qué insectos hay en la casa?

a) Ninguno

b) Cucarachas

c) Arañas

6. Espartaco, el perro, ...

a) Se ha escapado de casa

b) Se ha ido al parque

c) Ha sido asesinado por las arañas

7. Los dos policías...

a) Creen que se trata de una broma pesada

b) Creen que la casa está encantada

c) Creen que la familia está loca

8. En la casa...

a) Todos mueren

b) Mueren Miguel, Ana y un policía

c) Mueren todos menos Ana

9. Al final de la historia resulta que...

a) Todo ha sido una broma

b) Todo ha sido real

c) Todo ha sido una pesadilla de Ana

10. Ana llama al agente inmobiliario para...

a) Dar una paga y señal

b) Decir que no comprarán la casa

c) Pedir ver la casa otra vez

Check your answers (Comprueba tus respuestas)

Answer Key (Soluciones)

1. c
2. b
3. a
4. b
5. c
6. c
7. a
8. c
9. c
10. b

One last thing...

I hope you enjoyed the story and learned a lot of Spanish vocabulary and expressions. You are invited to visit my website (http://joearenas.com) where you will find Spanish language learning tricks and tips, free lessons , new book releases and much more.

I wish you all the best with your Spanish language learning!

Joe Arenas

About the Author

Joe Arenas has been teaching foreign languages in Spain since 1998. In 2015 he decided to write his own short and easy novels for beginners in order to motivate his students with fresh, engaging and unique readings. So far he has published two of his books but there are many more to come. Now, you can also learn Spanish with Joe's bilingual books.

Made in the USA
Columbia, SC
26 October 2022

70084995R00080